Este libro le pertenece a:

....

Copyright © BPA Publishing Ltd 2020

Autora: Pip Reid

Ilustrador: Thomas Barnett

Director creativo: Curtis Reid

www.biblepathwayadventures.com

Gracias por apoyar a Bible Pathway Adventures®. Nuestra serie de aventuras ayuda a los padres a enseñarles a sus hijos sobre la Biblia de una forma divertida y creativa. Diseñada para toda la familia, la misión de Bible Pathway Adventures es reintroducir el discipulado en los hogares de todo el mundo. ¡La búsqueda de la verdad es más divertida que la tradición!

Los derechos morales de la autora y el ilustrador han sido declarados. Este libro está protegido por copyright.

ISBN: 978-1-989961-12-4

El Nacimiento del Rey

¡Ha nacido el Mesías!

*"¿Dónde está el nacido como Rey de los Judíos? Porque hemos visto
la estrella del este y hemos venido a adorarlo". (Mateo 2:2)*

Una fría noche de invierno en Nazaret, una joven hebrea llamada María estaba sentada calentándose los pies ante el fuego. De repente, un ángel de Dios apareció en la puerta. María lo miró y se quedó sin aliento. "¿Quién eres?", exclamó. ¡Era la primera vez que veía un ángel!

"No temas", dijo el ángel, que se llamaba Gabriel. "Dios está feliz contigo. Has sido elegida para tener un niño varón. ¡Lo llamarás Yeshua, y será el Hijo del Altísimo!".

"Pero aún no estoy casada", dijo María. "¿Cómo puedo tener un bebé?". El ángel miró a María y sonrió. "Dios enviará al Espíritu Santo para darte este niño". María miró al ángel con los ojos muy abiertos. Nunca había estado tan confundida. "¿Recuerdas a tu prima Isabel?", continuó Gabriel. "Todos sabían que no podía tener hijos, pero ahora cumple seis meses de embarazo. ¡Con Dios nada es imposible!".

Did you know?

Muchas personas creen que hay formas diferentes de pronunciar el nombre de Dios. Estas incluyen, por ejemplo, Yah, Yahweh y Yahuah.

A la mañana siguiente, María se levantó temprano y fue a ver a su prometido, José. *"¿Cómo le diré que voy a tener un bebé?"*, se preguntaba mientras caminaba de puntillas por las polvorientas calles camino de la casa de José.

Inspirando profundamente, empujó la puerta. "¡José, José!", susurró. "Un ángel llamado Gabriel ha venido a verme. Me dijo que no sintiera miedo. ¡Dios nos ha dado un bebé!".

José no podía creer lo que estaba oyendo. ¿Un ángel había visitado a María? ¿Iba a tener un bebé? Tragó saliva nerviosamente y tomó asiento. "Pero María, todavía no estamos casados", dijo. "¿Cómo es posible?".

Did you know?

El ángel Gabriel le dijo a María que pusiera por nombre a su hijo Yeshua, que significa "Salvación". Su nombre completo es Yehoshua, que significa "Dios es mi salvación" en Hebreo.

José estaba preocupado. Cada noche daba muchas vueltas en su cama. Quería hacer lo correcto y cuidar de María, pero, ¿y si tuviera que llevarla lejos de allí? Nazaret era un pueblo pequeño, y José sabía que una noticia así se propagaría rápidamente. No quería que sus vecinos hablaran mal de María. *"Quizás debería romper nuestro compromiso"*, pensó.

Mientras José pensaba estas cosas, un ángel de Dios se le apareció a José en un sueño. "No temas tomar a María como tu esposa", dijo el ángel. "El bebé que tendrá ha sido engendrado por el Espíritu Santo".

Cuando José se despertó, hizo lo que el ángel le había indicado: llevó a María a su casa para que fuese su esposa. Estaba listo para confiar en el plan de Dios.

Unos meses más tarde, el emperador romano César Augusto ordenó elaborar un censo. El poderoso imperio romano gobernaba sobre Judea y el pueblo hebreo estaba obligado a obedecer las estrictas leyes de Roma. El César quería saber a cuántas personas gobernaba y a quién podría cobrar impuestos. ¡Después de todo, había muchas carreteras por construir!

"Todos deben regresar a su localidad natal y registrarse para un censo", anunció el César desde su palacio en Roma.

José era descendiente del rey David, así que tuvo que viajar hasta Belén, la ciudad donde David había crecido. Belén estaba muy lejos y necesitaban llegar antes de que naciera el bebé. Rápidamente, José hizo que María montase en un burro y emprendieron viaje por una senda polvorienta.

Did you know?

Los romanos adoraban a un dios del sol llamado Sol Invictus (el sol no conquistado). Cada año celebran su cumpleaños el 25 de diciembre.

Después de un largo viaje, María y José por fin llegaron a las puertas de Belén. El pueblo los recibió con los brazos abiertos. "Shalom, shalom", exclamaban. "¡Barukh haba! ¡Bienvenidos!". José sabía que los Tiempos Señalados de Dios para el otoño estaban a punto de comenzar y que las casas pronto se llenarían de invitados. Necesitaban encontrar una habitación rápido. Recorrió las atestadas calles, buscando un lugar donde quedarse.

Brillantes lámparas de aceite iluminaban las casas de Belén. Se podía ver columnas de humo elevándose hacia el cielo. Pronto, José encontró un lugar. La habitación para invitados estaba ocupada, así que acomodaron a José y María en el establo, junto a los animales.

María sonrió y se acarició el vientre. Agradecía tener un lugar donde quedarse. Se sentó en el patio, mirando a las mujeres hornear panes en el crepitante fuego. Pronto celebrarían la Fiesta de las Trompetas y tenían mucho trabajo por hacer. María sentía el entusiasmo en la atmósfera.

Pocos días después, María sintió que el bebé daba patadas. "¡Creo que ya va a nacer!", comunicó ansiosamente a las mujeres en el patio. María nunca había sido madre. ¡No sabía qué esperar! Las mujeres la rodearon, listas para ayudar.

Esa noche, en Belén, nació el Mesías. Para mantener al bebé protegido, María lo envolvió con tela y lo colocó cuidadosamente en el pesebre de los animales, que estaba lleno de heno. Lo llamó Yeshua, tal como el ángel le dijo.

José abrazó a María. "Éste es un regalo de Dios", dijo contemplando a la criatura dormida. Ambos sabían que aquel niño era muy, muy especial.

Did you know?

La Fiesta de las Trompetas es uno de los Tiempos Señalados de Dios. En esta fiesta, un shofar es soplado 100 veces, y la última vez se conoce como la "trompeta final". Este es el Tiempo Señalado en el que los reyes se anuncian o son ungidos.

En unos campos cercanos a Belén, un pequeño grupo de pastores cuidaba de sus ovejas y cabras esa noche. ¡De repente, un ángel de Dios se apareció sobre ellos! Los pastores se cubrieron los rostros y retrocedieron, tropezando con los cardos. ¿Qué estaba haciendo un ángel allí?

"No tengáis miedo", dijo el ángel. "Os traigo buenas noticias que llenarán de alegría a todos". Los pastores permanecían sentados entre los cardos, aguantando la respiración, demasiado asustados para moverse o para hablar.

"Hoy el Mesías ha nacido en Belén", dijo el ángel. "Lo encontraréis envuelto con telas y acostado en un pesebre. Debéis ir a verlo".

De pronto, el cielo quedó iluminado por un ejército de ángeles que alababan a Dios cantando: *"¡Gloria a Dios en el cielo, y en la tierra paz y buena voluntad entre la gente!"*.

Los pastores sacudieron sus cabezas sorprendidos. "Bueno, ¿a qué estamos esperando?", se preguntaron unos a otros. "¡Vamos al pueblo a conocer al Mesías!". Corrieron hacia Belén y encontraron el lugar donde se alojaban María y José. El niño estaba profundamente dormido en el pesebre, tal como había anunciado el ángel.

Los pastores señalaron al bebé y dijeron: "¡Un ángel se nos ha aparecido en el campo y nos ha dicho que este niño es el Mesías!". Los lugareños se reunieron alrededor de los pastores y escucharon atentamente. ¡Habían esperado toda su vida por un Mesías que los rescatara de los romanos, y ahora finalmente estaba allí!

En esa época, no muy lejos existía otro gran y poderoso imperio llamado Partia. Era tan grande que se extendía desde Persia hasta el río Indo, en el este. Los romanos y los partos no se llevaban muy bien. A menudo enviaban sus ejércitos para luchar unos contra otros.

Como el imperio parto era tan grande, los reyes tenían sacerdotes y nobles llamados magos que los ayudaban a tomar decisiones. Los magos eran muy importantes, ¡tanto que hasta elegían a los reyes de Partia! Por eso los llamaban "hacedores de reyes".

Los magos también eran astrónomos. Todas las noches estudiaban las estrellas y esperaban una señal que avisara de la llegada del Mesías. Sabían que Dios había escrito Sus planes de salvación en los cielos. Los antiguos hebreos conocían esto como Mazzaroth.

Una noche, una gran señal apareció en el cielo. "¡Al fin ha llegado!", exclamó uno de los magos, señalando un punto en mitad de la noche. Los otros magos se apresuraron y miraron hacia la oscuridad. ¡Aquélla debía de ser la señal a la que el profeta Balaam se refería en las Sagradas Escrituras!

Los corazones de los magos latían con emoción. "Esto quiere decir que el salvador de Israel está aquí", susurraron, con los ojos fijos en el firmamento. Sabían que el nacimiento del Mesías era importante para la gente de todo el mundo. "¡Vayamos a adorar a nuestro rey recién nacido!".

Pero los magos tendrían que esperar. Judea estaba lejos y aquél era un viaje peligroso. Se sentaron y planificaron cuidadosamente su aventura.

Did you know?

La ciencia de la astronomía moderna confirma ahora que la Escritura en Apocalipsis 12 coincide con lo que los magos vieron en el cielo en el momento del nacimiento de Yeshua. (Apocalipsis 12:1)

Meses después, los magos recorrían los caminos pedregosos que conducían a Jerusalén. Era verano y en Judea hacía mucho calor, tanto que parecía un horno gigante. Los ladrones rondaban la campiña, así que los magos estaban contentos de llevar sus soldados consigo.

Ya en Jerusalén, recorrieron las polvorientas calles al trote mientras preguntaban: "¿Dónde está el Rey recién nacido de los judíos? Hemos visto Su estrella desde Oriente y venimos a adorarlo".

La muchedumbre, agolpada en los callejones y alrededor de los puestos del mercado, se preguntaba: "¿De qué hablan estos partos? ¿Por qué están aquí en Jerusalén?". Todos sabían que los partos y los romanos eran grandes enemigos.

Did you know?

Los Sabios (los Reyes Magos) habrían viajado 900 millas para visitar a Yeshua. Él era ya un infante en el momento en que llegaron a Belén.

El rey Herodes era el gobernador de Judea en ese tiempo. Estaba furioso tras oír hablar de un rey recién nacido. "¿Cómo se atreven esos magos a preguntar por otro rey?", rugió descargando su puño sobre la mesa. "¡Yo soy el rey de los judíos!".

Los magos pusieron nervioso al rey Herodes. Partia era un imperio enemigo, y los magos eran personajes muy importante. A César Augusto no le agradaría que estallara otra guerra. Mandó a llamar a los sumos sacerdotes y a los maestros de la Torá a su palacio. "¿Dónde se supone que ha nacido este Mesías?", les preguntó.

"El profeta Miqueas dijo que un rey especial nacería en Belén", respondieron. Desenrollaron sus pergaminos y le mostraron las Sagradas Escrituras. Decían: *"Pero tú, Belén, pequeña para estar entre las familias de Judá, de ti me saldrá el que será Señor en Israel"*.

El rey Herodes levantó su mano para silenciar a los sacerdotes. ¡Había escuchado suficiente! "Id y encontrad a esos magos", ordenó. "Decidles que vengan a verme".

Cuando los magos llegaron al palacio, Herodes les preguntó: "¿Cuándo apareció esa señal?". Pero los magos sabían que el monarca era astuto como un zorro. Se miraron el uno al otro y le contestaron precavidamente.

El rey Herodes tamborileó con sus dedos sobre el trono. "Id a conocer a ese rey recién nacido", dijo finalmente, agitando su mano en dirección a Belén. "Cuando lo encontréis, hacédmelo saber. Yo también deseo adorarlo". Pero el malvado rey Herodes no quería adorar a Yeshua; quería matarlo. ¡Herodes creía que él era el único rey de los judíos!

Fuera del palacio, los magos contemplaron el cielo. Una estrella brillante titilaba sobre Belén, mostrándoles el camino. "¡Sigamos a esa gran señal!", exclamaron emocionados.

Los magos se subieron a sus caballos y galoparon a través de las calles de la ciudad hacia el campo. Estaban ansiosos por ver al tan esperado Mesías.

En los campos, los pastores quedaban perplejos al ver pasar a los magos. "¿Por qué están los partos aquí?", se preguntaban entre ellos. Los fieros soldados los ponían nerviosos. "¿Habrán venido a ver al niño Yeshua?".

Los magos siguieron la estrella hasta que se detuvo sobre una casa en Belén, donde se encontraba el niño Yeshua. Desmontaron y entraron con ansias. "¡Alabado sea Dios! Éste es efectivamente el Mesías", dijeron.

Cayeron de rodillas ante Yeshua y lo adoraron con todo su corazón. Con manos temblorosas, abrieron sus bolsas y le ofrecieron valiosos regalos: oro, incienso y mirra.

Pero los magos no se quedaron mucho tiempo. Dios les había advertido que no regresaran donde el rey Herodes. En vez de eso, tomaron otro camino y regresaron a Partia tan rápido como se los permitió el galope de sus corceles.

Esa noche, un ángel de Dios se le apareció a José en sueños. "José, están en grave peligro. Levántate de inmediato y conduce a tu familia a Egipto. Quédense allí hasta que te diga que puedes volver. Herodes quiere matar al niño".

José despertó suavemente a María. "Despierta", le susurró. "Debemos escapar antes de que el rey Herodes nos encuentre y mate a Yeshua. Dios quiere que vayamos a Egipto". María asintió, pero sintió la incertidumbre en su estómago. ¿Qué había planeado Dios esta vez?

Prepararon el equipaje y salieron sigilosamente de la casa, adentrándose en las calles de Belén. En algún lugar, un perro ladró. El pueblo estaba oscuro y vacío. Egipto quedaba muy lejos, pero María y José sabían que Dios cuidaría de ellos.

Did you know?

El rey Herodes era de ascendencia árabe, no judía. A pesar de que él fue llamado el rey de Judea, este título le fue otorgado por Roma, no por los israelitas.

Cuando rey Herodes se enteró de que los magos se habían ido, explotó de rabia. Caminaba de aquí para allá, agitando sus puños. "¡¿Cómo se atreven los magos a regresar a Partia?!", rugió. "¡Me han engañado!".

Herodes mandó llamar a sus generales. "Id a Belén y matad a todos los varones menores de dos años", ordenó. "¡Acabad con ese supuesto rey! ¡Quiero que desaparezca!".

Pero ya era demasiado tarde. José y María habían huido a Egipto con el niño. Pasaría mucho tiempo antes de que vieran su tierra natal nuevamente, pero Yeshua ya estaba a salvo. No se imaginaban que todo esto era parte del maravilloso plan de Dios para regresar a Su pueblo a la Casa de Israel.

FIN

¡Prueba tu conocimiento!
(Empareja la pregunta con la respuesta correcta en la parte de abajo de la página)

PREGUNTAS

¿Qué nombre le dijo Gabriel a María que le pusiera a su hijo? ....

¿Quién ordenó un censo del mundo romano? ....

¿Por qué María y José viajaron a Belén para el censo? ....

¿En qué pueblo nació Yeshua? ....

¿Quién era el rey de Judea en esta época? ....

¿A quiénes se les aparecieron ángeles en los campos? ....

¿En qué lugar el profeta Miqueas dijo que nacería el Mesías? ....

¿Cuánto magos (Sabios) visitaron a Yeshua después de que nació? ....

¿Qué hizo el rey Herodes después que los magos lo engañaran? ....

¿A qué tierra huyeron José, María y Yeshua? ....

RESPUESTAS

1. Yeshua
2. Emperador Augusto
3. Eran descendientes de David, de Belén
4. Belén
5. Herodes (el grande)
6. Pastores
7. Belén
8. La Biblia no lo dice
9. Herodes ordenó matar a todos los niños varones menores de dos años en Belén
10. La tierra de Egipto

Completa la sopa de letras

YESHUA
REY
MESÍAS
MARÍA
ÁNGEL

JOSÉ
BELÉN
PASTORES
MAGOS
EGIPTO

```
P Q B E L É N E Z T
M A O B F Z J G Y Y
A Q S L V H T I R E
G G D T T B P P E S
O L D P O V A T Y H
S Q K D J R E O J U
M E S Í A S E S N A
N J O S É B H S W S
P H I W Á N G E L J
J J M A R Í A V U S
```

Bible Pathway Adventures®

Traición al Rey
El Rey Resucitó
Vendido como Esclavo
Arrojado a los Leones
Salvado por una Asna
La Novia Elegida
Sansón, el guerrero poderoso
El Éxodo
La bruja de Endor
Camino a Damasco
Salomón, el constructor del Templo
Enfrentándose al Gigante
Tragado por un pez

¡Descubre más historias de la Biblia de Bible Pathway Adventures!

Consulte los libros de actividades de Bible Pathway Adventures

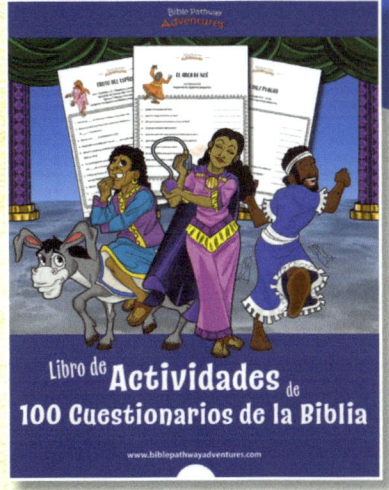   

IR A

www.biblepathwayadventures.com